INAUGURATION

DE

L'ÉCOLE SOEUR ROSALIE

RUE GEOFFROY SAINT-HILAIRE, 32

(PRÈS LA RUE DE L'ÉPÉE-DE-BOIS)

Le 4 Novembre 1880

« ... L'odieux défi a été
relevé ; la pensée chré-
tienne triomphe ; et sœur
Rosalie est vengée ! »
(P. 14.)

PARIS

IMPRIMERIE F. LEVÉ

RUE CASSETTE, 17

1880

INAUGURATION

DE

L'ÉCOLE SOEUR ROSALIE

489. — PARIS. IMPRIMERIE F. LEVÉ, RUE CASSETTE, 17.

INAUGURATION

DE

L'ÉCOLE SOEUR ROSALIE

RUE GEOFFROY SAINT-HILAIRE, 32

(PRÈS LA RUE DE L'ÉPÉE-DE-BOIS)

Le 4 Novembre 1880

« ... L'odieux défi a été
relevé ; la pensée chré-
tienne triomphe ; et sœur
Rosalie est vengée ! »
(P. 14).

—————

PARIS

IMPRIMERIE F. LEVÉ

RUE CASSETTE, 17

—

1880

COMITÉ DES *ŒUVRES DE SŒUR ROSALIE*

———

MM. l'abbé DUMAS, curé de Saint-Médard, *Président.*

Eugène RENDU, ancien député, *vice-Président.*

L'abbé DELAMAIRE, vicaire, *Secrétaire.*

PINGEOT, négociant, *Trésorier.*

BUSSON-LEBLANC.

Le comte CHAPTAL.

D'HERBELOT.

Frantz JOURDAIN, architecte.

Léon PAGÈS.

PASCALIS.

SAJOU, ancien adjoint du XIIᵉ arrondissement.

———

Banquier : M. DUTFOY, boulevard Haussmann, 39.

INAUGURATION

DE

L'ÉCOLE SŒUR ROSALIE

LE 4 NOVEMBRE 1880

Au n° 32 de la rue Geoffroy Saint-Hilaire, à l'entrée du Jardin des Plantes, à quatre minutes, montre en main, de la rue de l'Epée-de-Bois, une porte cochère surmontée de cette inscription : « Ecole primaire de jeunes filles dirigée par les Sœurs de Saint-Vincent de Paul, » donne accès dans une large avenue. Quand vous avez fait trente pas, vous entrez dans un vaste quadrilatère, ouvert, à plein ciel, des quatre côtés, tout rempli d'air et de lumière ; et vous voyez se dresser un long bâtiment percé de seize grandes fenêtres. Une croix en fer domine l'édifice ; et, sur le bandeau qui sépare les deux étages, on lit ces trois mots tracés en fortes majuscules : ECOLE SŒUR ROSALIE.

C'est là qu'hier, 4 novembre (1), nous eussions voulu voir réunis tous les bienfaiteurs dont le merveilleux élan a rendu possible la reconstitution immédiate de l'établissement scolaire de la rue de l'Epée-de-Bois; c'est là qu'en présence des cinq cent cinquante enfants de l'école, et des quinze ou dix-huit cents personnes, — pères et mères, anciens amis et admirateurs de la sœur Rosalie, ecclésiastiques et laïques, — qui se pressaient autour de Mgr de Larisse, coadjuteur de S. Em. le cardinal archevêque de Paris, les membres du Comité eussent aimé à dire aux dévoués souscripteurs : Contemplez ce que vous avez fait !

Aussi bien, la grande cour de l'école présentait vers les 1 heure un intéressant spectacle. Cette cour était toute remplie de parents, en habits de fête, tenant, d'un air triomphant, leurs fillettes par la main ; et, au milieu de cette foule amie, les dix ou douze Sœurs de l'école, objet des démonstrations les plus affectueuses, allaient

---

(1) Le Comité avait fait tous ses efforts pour que l'école nouvelle fût à la disposition des familles le jour même de la rentrée officielle, c'est-à-dire le 1er octobre; des obstacles d'ordre administratif en ajournèrent l'ouverture, qui eut lieu le 15 octobre. L'inauguration solennelle fut fixée au 4 novembre.

venaient et s'escrimaient de leur mieux, ne sachant littéralement à qui répondre.

« C'est nous, ma Sœur, c'est nous! entendait-on de tous côtés; nous vous les avons ramenées vos enfants! »

« Nous vous l'avions bien dit, criait une brave femme du marché des Patriarches, que la souscription marcherait, et que nous aurions une école; mais savez-vous que c'est un château ce qu'on nous a trouvé là! »

« Dites donc, ma Sœur, interrompait une autre, j'avais mis ma fille le 1er septembre à l'école d'où *ils* vous ont chassées, — en vous attendant, histoire de ne pas laisser traîner la gamine dans la rue ; sont-*ils* pas venus il y a quinze jours dévisser les crucifix et desceller les bénitiers ! Mais nous ne voulons pas d'une école où l'on ne fait pas le signe de la croix ! Dirait-on pas qu'on va éduquer nos filles comme des chiens savants! »

Mais cet amical tumulte s'est tout à coup apaisé : il est, 2 heures; M. le coadjuteur fait son entrée, à travers la foule, avec M. l'abbé de Courcy, promoteur du diocèse.

Mgr de Larisse est reçu par MM. les membres du comité, et conduit sous un vaste pavillon qui abrite les gradins et le fauteuil où doit siéger le prélat. Ce pavillon a été improvisé le matin même; car, par une heureuse inspiration, mettant à profit le temps exceptionnellement beau qui favorise la fête, Mme la supérieure a voulu que la population du quartier Saint-Médard pût se mouvoir bien à l'aise, visiter toutes les parties de l'établissement, et s'approcher librement du bienveillant dignitaire de l'Église; en dépit de la saison, la cérémonie doit avoir lieu à ciel ouvert.

Monseigneur a pris place. A sa droite, les membres du Comité, à sa gauche, le clergé de Saint-Médard et les membres du Conseil de fabrique; puis plusieurs ecclésiastiques, parmi lesquels on remarque le vénérable abbé de Chauliac, directeur de l'infirmerie Marie-Thérèse, qui a tenu, en dépit de son grand âge, à payer à la sainte femme qu'il a particulièrement connue et tant admirée, un dernier tribut d'affectueux respect.

Les jeunes filles de l'école exécutent un morceau préparé pour la circonstance. De fraîches et gracieuses voix font retentir au loin de pieuses harmonies. Aux fenêtres des maisons voisines, les têtes s'inclinent et se découvrent : partout la sympathie et le respect. Et cela, en plein Paris, on peut presque dire en pleine rue, dans le faubourg où la misère, en dépit d'opiniâtres labeurs, semble avoir élu domicile, et dont les rues tortueuses sont exclusivement peuplées des plus humbles travailleurs ! Elle ne se trompait pas, la sainte femme qui fut l'apôtre de ce quartier, lorsque, dans une sorte de patriotisme jaloux, défendant *ses amis du faubourg* contre des appréciations peu bienveillantes, elle s'écriait : « Non! non! vous ne les connaissez pas ! Sachez qu'ici *nous* ne sommes pas mauvais, car *nous* travaillons, et *nous* n'avons pas oublié Dieu. Quand parfois *nous* ne sommes pas sages, ce sont les étrangers qui *nous* gâtent ! »

Après le chœur, la foule des fillettes de l'école se masse sous la conduite des Sœurs, devant le pavillon, mais à une distance assez grande du vénerable évêque; on hésitait, et l'on n'osait trop approcher. « Monseigneur, dit un des membres du Comité, vous permettrez certainement que nous invitions, de votre part, les excellentes institutrices à *laisser venir à vous les petits enfants !* » Aussitôt le joyeux groupe se précipite. « Venez, dit en souriant l'aimable prélat, ce serait la première fois que j'aurais fait peur aux enfants ; et l'on ne saurait vous voir de trop près ! »

Monseigneur donne alors la parole à M. le curé de Saint-Médard, président du comité.

M. le curé souhaite la bienvenue à l'éminent

coadjuteur de Paris, et, le remerciant d'avoir dérobé quelques instants au profit de l'œuvre qu'il va bénir, lui rappelle, en termes émus, la visite qu'il a faite, il y a trois ans, aux établissements de la paroisse.

L'orateur retrace alors le rôle éminent de l'épiscopat, qui fait entendre sa voix chaque fois que la liberté des pères et des mères, dans l'œuvre sainte de l'éducation, a reçu quelque atteinte; et qui ne recule devant aucun sacrifice pour maintenir dans son intégrité et dans son indépendance l'enseignement chrétien:

« Nous sommes à l'une de ces heures d'exception, poursuit l'orateur ; assurer la liberté de conscience par la liberté de la famille dans le choix de l'école et des maîtres, c'est l'œuvre éminemment française du moment présent. « Il faut, a dit le cardinal-archevêque, y dépenser jusqu'au dernier sou. » Ce que cette noble invitation au sacrifice a déjà produit dans le diocèse de Paris, vous avez eu, Monseigneur, la consolation de le voir. Vous jugerez qu'elle n'a pas été inféconde, en particulier pour la paroisse Saint-Médard, grâce au zèle d'un Comité qui n'a épargné ni temps ni peine, grâce aux appels chaleureux d'écrivains dont la plume est toujours au service des œuvres de charité et de conservation sociale.

« Que votre bénédiction assure à cette nouvelle école la prospérité dont elle jouissait rue de l'Épée-de-Bois ! daignez en bénir les maîtresses, les pieuses filles de Saint-Vincent de Paul, qui y viendront continuer leur mission de dévouement; bénissez dans la personne des enfants les parents qui se montrent si intelligents du bienfait d'une instruction chrétienne et si impatients d'en profiter.

« Je manquerais à un devoir de reconnaissances, dit en terminant M. le curé Dumas, si je ne priais Votre Grandeur d'étendre la faveur de sa bénédiction à nos généreux souscripteurs, à tous ceux qui nous sont venus en aide pour le rétablissement des œuvres de sœur Rosalie, dont ce jour voit, sous vos auspices, la solennelle inauguration. »

De sympathiques applaudissements accueillent ce discours.

Après l'exécution d'un nouveau chant, Monseigneur donne la parole à M. Eugène Rendu, vice-président du comité, qui a été chargé par ses collègues de présenter un rapport sur la situation de l'œuvre.

M. E. Rendu s'exprime ainsi :

Monseigneur,
Mesdames,
Messieurs,

Le 11 août dernier, avait lieu, avec éclat, rue de l'Epée-de-Bois, la distribution annuelle des prix aux enfants de l'école et de la salle d'asile fondées il y a soixante ans par la sœur Rosalie, et auxquelles, depuis l'origine, déférant aux vœux d'une population reconnaissante, la ville de Paris avait conféré le caractère d'établissements municipaux. Le président de la cérémonie avait félicité les élèves et les maîtresses des certificats d'études conquis

par un travail méritoire, et dont le nombre, proportionnel-
lement considérable, attestait la valeur pédagogique de
l'établissement: Les parents des 5oo jeunes filles de
l'école et des 3oo enfants de la salle d'asile avaient pris part
avec élan à une solennité qui était la fête intellectuelle du
quartier Mouffetard ; et, heureux du bonheur de leurs
enfants, ils avaient dit aux pieuses institutrices qui leur
donnaient rendez-vous à la rentrée d'octobre, tout ensemble : Merci et au revoir !

Trois jours après, le 14 août, un arrêté préfectoral
expulsait Mme la supérieure et ses compagnes de l'école
de la rue de l'Epée-de-Bois.

Il était enjoint aux Sœurs d'avoir à céder les locaux
scolaires pour le 1er septembre. Quinze jours étaient
donnés, pour vider la place, aux femmes dévouées qui
représentaient l'une des illustrations chrétiennes de notre
siècle, et qui soutenaient le poids glorieux d'une tradition
de soixante années !

S'arracher à des lieux tant aimés, s'éloigner de ce seuil
immortalisé par tant de bienfaits, c'était certes un dur sacrifice. Mais chercher, trouver, louer ou acheter un grand
local, en faire l'appropriation, y reconstituer l'œuvre de tant
d'années, tout cela en quinze jours, quand on était à la
fin d'août, à ce moment où *il n'y a plus personne à
Paris,* voilà qui semblait au-dessus des forces de quelques
modestes religieuses.

On s'était dit cela quelque part, non sans plaisir. Le
plan, confessons-le, était bien conçu : cette attaque cheva-
leresque contre douze Sœurs de charité, privées de leurs
défenseurs naturels, devait réussir. Et alors, quel
triomphe ! La maison de sœur Rosalie allait être à bas !

Mais l'honneur chrétien ne connaît pas de défaillances,
et les revers sont ses triomphes. Digne héritière de sœur

Rosalie, Mme la Supérieure fit vaillamment tête à l'orage : l'esprit de son illustre devancière l'inspirait, et le cœur du faubourg Saint-Marceau était avec elle.

Dès que, dans ces rues que le cercueil de la sœur Rosalie avait traversées (1) il y a 25 ans, et où, selon l'expression des gens du quartier, il avait *laissé une vertu ;* dès que, dans ces pauvres habitations où le souvenir de *la Sainte* était resté vivant et militant, avait couru la nouvelle : *L'école de l'Epée-de-Bois va être fermée*, les enfants de sœur Rosalie, aujourd'hui pères et mères de famille, s'étaient regardés entre eux, d'abord sans trop rien dire, comme on fait dans les calamités publiques ; puis ils s'étaient concertés, et ils avaient dit : « Non ! ce n'est pas possible ; cela ne sera pas ! » — « Ma Sœur, avaient-ils murmuré à Mme la Supérieure, trouvez un local ; on aura de l'argent. Appelez vos amis, et comptez sur nous. Dans le faubourg, il n'y a pas de traîtres ! »

Ces mots arrivèrent aux oreilles de quelques hommes de bonne volonté ; un Comité s'improvisa, par une inspiration soudaine, et vint se grouper autour de M. le curé de Saint-Médard. Dès la première séance, on décida que, sans perdre une minute, on arrêterait un local, et que, pour faire face aux frais de première installation, et assurer, pendant trois ans, la vie de l'établissement projeté, un appel serait adressé, par la voie de la presse, aux anciens amis et aux admirateurs fidèles de l'apôtre du quartier Mouffetard. La Providence aidant, c'était décréter le succès.

---

(1) Les habitants avaient réclamé la faveur de voir paraître leur bienfaitrice une dernière fois parmi eux. Le convoi, escorté de plus de 30,000 personnes, avait décrit de longs détours à travers le quartier Saint-Marceau.

Le 29 août, grâce à l'appui et au concours généreux du plus puissant organe de la publicité en France, une souscription était ouverte ; le 5 septembre, en dépit des villégiatures, de la chasse, des Pyrénées et des bains de mer, la somme fixée au début (80,000 fr.) était dépassée ; et le 9 septembre, bien que, esclave trop scrupuleux peut-être de la parole prononcée au premier moment, le journal eût, depuis quatre jours, déclaré la souscription close, on enregistrait un chiffre total de près de 100.000 fr.

Aussitôt, la propriété spacieuse dans laquelle nous avons l'honneur de vous recevoir, Monseigneur, était choisie, un bail de trois ans signé ; le grand bâtiment, que vous voyez, converti de tannerie en école, le mobilier scolaire commandé. Toute cette transformation s'opérait en cinq semaines (1) ; et, le 15 octobre, le Comité ouvrant ses huit classes à trois cent quatre-vingts jeunes filles et l'école enfantine à cent quarante enfants, la croix de fer implantée au fronton de l'édifice annonçait à tous que l'odieux défi avait été relevé, que la pensée chrétienne triomphait, et que la sœur Rosalie était vengée !

Voilà en peu de mots, Monseigneur et Messieurs, ce qu'a inspiré le souvenir tout puissant de la sainte fille de la Charité ; ce qu'a voulu le quartier Mouffetard ; ce que l'esprit de fraternité chrétienne et de solidarité sociale dans lequel les bienfaiteurs du faubourg Saint-Honoré et du faubourg Saint-Germain se sont unis aux modestes mais dévoués souscripteurss de ce quartier, a rendu possible ; ce que le Comité, organe et instrument de la pensée

---

(1) Grâce au zèle de l'habile architecte M. Frantz Jourdain. — M. Busson-Leblanc a bien voulu s'occuper spécialement du mobilier.

et de la volonté communes, a mis sa gloire et, si je puis dire aussi, sa passion à réaliser.

Et maintenant, souffrez, Monseigneur et Messieurs, que le Comité vous dise par ma bouche, et qu'il rappelle à tous ceux qui m'écoutent, quel est, à ses yeux, le but général qu'en dehors même du fait de la création matérielle, il s'est proposé d'atteindre; et qu'il définisse nettement le sens qu'il attache à la fondation d'un établissement *congréganiste* en face de l'établissement *laïque* institué, sur les ruines du premier, par l'arrêté préfectoral du 14 août.

Sans doute, comme je le disais tout à l'heure, nous avons relevé un défi, déjoué des ruses, et vengé une sainte mémoire; mais il importe qu'on le sache bien, nous n'avons, en définitive, fait acte d'hostilité envers personne. Bien au contraire ! en répondant par une fondation scolaire à une déclaration de guerre traîtreusement adressée aux sympathies et aux traditions du quartier Mouffetard, nous avons créé un gage certain de conciliation et de paix, puisque nous avons rendu à ce quartier, qu'on dépouillait, ce qui était l'objet des préférences et des respects de l'immense majorité de sa population.

Nous qui fondons, ou plutôt, qui relevons un établissement congréganiste, nous ne sommes pas, tant s'en faut, les adversaires de l'enseignement laïque, si l'on entend par ce mot ce qu'on a entendu par là pendant les soixante-dix premières années de ce siècle, c'est-à-dire, sans aucune signification perfide, un enseignement donné par les laïques. Nous n'avons qu'un désir, c'est que cet enseignement laïque prospère, en se maintenant ou en devenant chrétien. Un homme qui a profondément et pratiquement

aimé le peuple ; qui a vécu, parlé, écrit, lutté, souffert
pour lui, pour les pauvres et pour les petits, l'ancien
supérieur général de Frères des Ecoles chrétiennes,
causait un jour avec une personne considérable qui lui
reprochait de vouloir envahir au profit des Frères tout le
domaine de l'enseignement primaire : « Moi l'ennemi
« des maîtres laïques ! s'écria le vénéré frère Philippe ;
« mais vous me croyez donc bien aveugle ou bien fou !
« Qu'en ferions-nous, à nous seuls, de l'enseignement
« primaire de la France ? Ce que je demande, c'est une
« seule chose, c'est que la lutte scolaire soit loyalement
« ouverte entre les laïques et les congréganistes, les uns
« et les autres s'efforçant, dans une émulation féconde,
« de distancer leurs concurrents, afin que le prix soit aux
« plus dignes, — et cela dans l'intérêt commun, l'éléva-
« tion morale, intellectuelle et professionnelle des classes
« ouvrières. » Et le projet de l'éminent supérieur général
fut, à un moment, je le sais, de fonder une grande école
normale libre, où les Frères eussent formé des instituteurs laïques, qui eussent été aussi de vrais chrétiens.

La femme illustre dont vous relevez l'œuvre scolaire,
Messieurs, n'eut jamais elle-même de pensée d'une
autre nature. « Créez des écoles normales, nous disait un
« jour la sœur Rosalie, et formez de bonnes institutrices ;
« nous ne demandons qu'à partager la tâche ; elle est
« assez étendue et assez difficile pour que nous rivalisions
« saintement, en vue de Dieu et des familles. »

Ainsi les congréganistes, Sœurs et Frères, je le pro-
clame ici bien haut par l'organe de leurs représentants
les plus autorisés, ont déclarés leurs sympathies pour les
maîtres et les maîtresses laïques. Réciproquement, jamais
la grande institution laïque enseignante, jamais l'Université, — la vraie, — celle dont le nom que je porte m'au-

torise peut-être à parler devant vous, Messieurs, jamais l'Université de 1808, de 1833, de 1845, de 1850, de 1875, jamais l'Université qui a donné et qui, jusqu'à ce jour, entendait maintenir la liberté d'enseignement, dans la triple sphère primaire, secondaire et supérieure, jamais cette grande institution laïque n'a eu maille à partir avec les disciples du frère Philippe ni avec les compagnes de la sœur Rosalie. Et le comité du faubourg Saint-Marceau, en représentant l'école congréganiste qu'il est fier d'avoir reconstituée, reste dans la tradition des Fontanes, des Royer-Collard, des Guizot, des Cousin, des Salvandy, j'ajouterai pour, être juste, des Duruy et des Jules Simon ; de tous les hommes, en un mot, à qui la supériorité du talent et l'autorité du caractère donnaient le droit de parler au nom de la France et de se dire les éducateurs du peuple.

Mais, au-dessous, bien au-dessous — je n'entreprends pas de mesurer la distance — de ces hommes et de ces doctrines, il est un enseignement qui, mettant à sec l'esprit humain, ne lui accorde d'autre nourriture que des théorèmes de mathématiques et des formules de chimie ; qui, contempteur de toutes nos traditions chrétiennes et philosophiques tout ensemble, fait irruption en despote dans des écoles décapitées de toute idée supérieure, en d'autres termes, et pour employer ce mot barbare, dans les écoles *laïcisées*. Cet enseignement, il nous a été donné de le voir naître et se développer, il y a dix ans, dans les écoles et les ateliers de nos grandes villes ; il s'impose aujourd'hui ; et je ne suis pas injuste à l'égard de ses maîtres, en le résumant ainsi :

« La notion de Dieu est la racine de toutes les erreurs sociales. Elle remplace les réformes qui doivent chasser de ce monde l'inégalité et la douleur, par l'espoir d'un redressement et d'une compensation qui sont les mensonges de l'autre vie ; elle détrône la *jouissance* au profit de la *résignation*. Arrière la théorie de l'ajournement et de la patience ! Arrière tout cet ensemble d'hypothèses que l'égoïsme de ceux qui jouissent a résumé dans l'idée de Dieu. Dieu c'est la soumission et le sacrifice : nous lui signifions son congé ; et, avant tout, nous l'expulsons de l'école ; la génération nouvelle ne doit connaître ni Dieu qui est le tyran, ni le prêtre qui est l'agent de la servitude ! »

Voilà l'enseignement matérialiste qu'on déguise aujourd'hui, par un perfide abus des mots, sous le nom d'enseignement *laïque ;* et voilà l'enseignement auquel avec vous, Messieurs, nous les amis des instituteurs laïques aussi bien que des instituteurs congréganistes, nous opposons les vérités qui sont le fondement de la seule morale pratique, c'est-à-dire, déclarait Victor Cousin, « les vérités sur lesquelles le christianisme repose ». Et ainsi, conclurons-nous avec l'illustre prélat qui est si dignement représenté ici par un autre lui-même, « nous protégeons par l'école chrétienne les vraies garanties de l'ordre social ; nous travaillons obscurément mais, efficacement, au bonheur de notre pays, en conservant dans les familles les doctrines et les habitudes qui sont la source des vertus privées et qui assurent la paix publique (1). »

Ces doctrines, ce sont celles que vous avez recueillies, parents qui m'écoutez, de la bouche de sœur Rosalie, vous de qui la présence témoigne que vous avez la mémoire de

---

(1) Lettre à MM. les Curés sur les écoles libres.

l'intelligence en même temps que celle du cœur, et que vous ne voulez pas de ces écoles desquelles on a expulsé, avec Dieu, le type éternel et le principe de toute vérité et de tout bien ; ce sont celles que vous recevrez, enfants qui avez le bonheur d'être confiées à la vaillante héritière de la vénérée Sœur, et à ces aimables institutrices qui, en même temps que la pratique des meilleures méthodes scolaires, conservent le dépôt des vérités sur lesquelles se fondent, avec l'idée du devoir, la dignité et l'intégrité de la vie.

Salut donc à vous, enfants privilégiées auxquelles a été ménagé cet asile ; venez, réfugiez-vous avec confiance sous le doux patronage des maîtresses que vous aimez, et que quelques-unes d'entre vous, comme ces oiseaux qu'une irrésistible attraction ramène au foyer natal, s'obstinent, en dépit des obstacles, à venir trouver de quartiers lointains ; recueillez leurs enseignements, non seulement dans l'école, mais jusque dans ces bienfaisantes promenades auxquelles les Sœurs se soumettent chaque jour, se prodiguant en dehors des classes, pour vous remettre elles-mêmes aux bras de vos mères. Regardez, écoutez et profitez ; et si jamais votre ciel, aujourd'hui si pur, venait à se voiler de nuages, sachez qu'à travers les ténèbres, une étoile brillera toujours là-haut pour vous guider et vous préserver des erreurs de la route, l'image bénie et lumineuse de l'ange qui, sur la terre, a porté le nom de Sœur Rosalie.

Ce discours, à chaque instant interrompu par des témoignages de la plus sympathique adhésion, est suivi de deux salves d'applaudissements.

Mgr le coadjuteur prend alors la parole ; son

aimable improvisation est l'effusion d'un cœur paternel, pleine de gracieux conseils et semée d'à-propos charmants. Mgr de Larisse rappelle qu'il a été, à Belley, pendant trois années, l'évêque de la sœur Rosalie, laquelle est née à Confort, paroisse de ce diocèse, où des mains pieuses ont élevé, en l'honneur de la sainte femme et sur l'emplacement même de sa maison natale, une crèche, une salle d'asile, une école, un refuge pour les vieillards, toutes les œuvres de prédilection de sœur Rosalie (1). Le vénérable prélat s'attache, tout en narrant au petit peuple qui l'écoute avec avidité d'agréables anecdotes, à développer cette pensée qu'il « faut vaincre le mal par le bien, » et il en trouve, dans plusieurs traits de la vie de sœur Rosalie, le plus attrayant commentaire.

C'est alors qu'a lieu la visite des classes. Les enfants y attendaient le bienveillant prélat. Monseigneur gravit le perron, escorté par les membres du Comité, M. le curé de Saint-Mé-

---

(1) Cette intéressante fondation est l'œuvre personnelle de la sœur Louise de Costalin, aujourd'hui supérieure à Seyssel (Ain), qui, pendant près de vingt ans, fut la compagne très aimée et la coopératrice intime de la sœur Rosalie, à la rue de l'Épée-de-Bois.

dard, M. Rendu, M. Sajou, M. le comte Chaptal,
M. Pingeot, M. Busson-Leblanc, M. Pagès,
M. l'abbé Delamaire, M. Jourdain; Mme la supérieure et M. Dutfoy, banquier de l'œuvre, se
sont joints à eux. La foule des parents se presse
à leur suite. Dans la première classe, l'excellente
directrice, sœur Louise, présente à l'éminent
visiteur plusieurs jeunes filles qui se préparent à
l'examen du brevet de capacité ; l'une d'elles se
détachant du groupe, se fait l'interprète des sen-
timents communs, et, en termes très heureux,
exprime, au nom de ses compagnes, la joie
qu'elles ont éprouvée en retrouvant leurs chères
maîtresses, « leurs *secondes mères* ».

Ah ! Monseigneur, poursuit la jeune fille, si vous nous
aviez vues toutes pendant les tristes jours de la dispersion,
errer, timides et affligées, autour de la pieuse maison
qui nous avait si longtemps abritées, n'osant par discré-
tion y pénétrer, pour dire notre chagrin et nos espérances ;
si vous nous aviez vues attendre avec une impatience
affectueuse le retour du dimanche pour nous grouper
autour de nos maîtresses à l'église, et là, dans une muette
protestation, les assurer de notre fidélité ; si vous aviez
vu enfin nos larmes et notre douleur, en même temps que
l'indigation de nos parents bien-aimés, dont la tendresse

---

(1) M. Pascalis et M. d'Herbelot, absents de Paris, avaient
fait parvenir au Comité l'expression de leurs regrets.

était si durement atteinte par l'éloignement inexplicable et violent des maîtresses qu'ils avaient choisies pour leurs enfants, vous apprécieriez, Monseigneur, toute la vivacité de notre allégresse! Mais votre cœur paternel n'a pas besoin de nos explications et de nos récits; il devine et comprend, en un instant, nos joies comme nos peines, dans ce qu'elles ont de plus délicat et de plus profond.

Puis, parlant de la reconnaissance des enfants pour leurs maîtresses et pour les restaurateurs de l'école,

Permettez-nous, dit en terminant l'interprète de toute cette jeune assistance, d'oser vous promettre, Monseigneur, les humbles mais bien ferventes prières de pauvres petites chrétiennes qui n'ont que leur cœur pour parler à Dieu, mais qui trouveront des accents sincères pour acquitter leur dette sacrée. Permettez-nous aussi d'affirmer devant vous notre volonté ferme d'être toujours dociles aux conseils de nos maîtresses et de les honorer par notre amour du travail, notre assiduité et notre conduite excellente et chrétienne. Seulement, toutes ces grandes résolutions, Monseigneur, si elles ne dépassent pas notre désir de bien faire, nous les sentons bien au-dessus des forces de notre volonté. C'est de votre prière, Monseigneur, et de votre bénédiction, que nous attendons la grâce qui fortifiera notre faiblesse.

Mgr le coadjuteur répond par quelques mots charmants, prend acte, en des termes empreints d'une exquise bonté, des pieux engagements de tout cet essaim de fillettes qui bourdonne autour de lui, et veut bien accepter trois magnifiques bouquets qui lui sont présentés avec de nouveaux *compliments*. La prose ne suffit pas aux élans de ces jeunes cœurs ; il leur faut parler une langue moins familière :

. . . .

> De l'insigne faveur que le ciel nous envoie
> Nous garderons toujours un tendre souvenir.
> Pour que rien, en ce jour, ne manque à notre joie.
> Comme autrefois Jésus, vous daignez nous bénir.

A ce moment, tout le petit peuple tombe à genoux ; maîtresses et parents imitent les enfants, et la bénédiction du pontife descend sur toutes les têtes inclinées.

Alors retentit un nouveau chant, chant d'actions de grâces et d'allégresse, remarquablement exécuté sous la direction de l'habile professeur de musique de l'école, M. A. Marsan.

Monseigneur achève sa visite à travers toutes les classes, et s'arrête, au milieu de causeries amicales, dans chacune d'elles. La cérémonie est terminée pour l'école de la rue Geoffroy Saint-Hilaire.

Mais ce n'est pas tout. La sollicitude du prélat est inépuisable ; le coadjuteur du cardinal archevêque demande, avec une paternelle bienveillance, s'il a tout vu et tout béni.

« Et la *classe enfantine* ? hasarde timidement Mme la supérieure. Monseigneur, ajoute la pieuse fille de Saint-Vincent, que Votre Grandeur veuille faire en sorte qu'il n'y ait pas de jalouses ! »

« A la *classe enfantine !* » répond gracieusement le prélat; et, sans tarder, évêque, clergé, membres du Comité, enfants, maîtresses, étrangers, tout le monde, en rangs pressés, s'achemine vers la rue Monge (à l'extrémité de la rue de l'Epée-de-Bois) au milieu d'une foule sympathique qui prodigue au vénéré prélat des témoignages émus de gratitude et de respect.

A la rue Monge, 150 enfants de six à huit ans, chacune armée d'un petit étendard ou d'un bouquet, sont présentées à l'évêque. Alors nouveaux chants, nouvelles bénédictions, nouveaux hommages.

Le souvenir de cette journée du 4 novembre planera longtemps sur l'école *sœur Rosalie*, et sur ce faubourg que la reconnaissance et l'admiration attachent pour jamais à la mémoire de l'illustre fille de la Charité ! En dépit des jours mauvais et des mauvaises pensées, de tels liens ne sauraient se rompre. Quoi qu'il arrive, la population qui, pendant soixante années, a reçu les leçons et admiré les incomparables vertus de celle qu'elle désigne aujourd'hui sous ce nom : *la Sainte*, répétera les paroles par lesquelles, il y a vingt-cinq ans, sur la tombe de sœur Rosalie, un administrateur éminent lui rendait un dernier hommage :

« Si le nom et les œuvres de la sœur Rosalie Rendu appartiennent au monde chrétien, si la France les revendique, si Paris en est fier, c'est au XII⁰ arrondissement (1) qu'elle s'y était dévouée; c'est au milieu de nous, dans le quartier le plus pauvre, au sein des plus profondes misères, que, durant près de soixante années, elle a mis son bonheur et trouvé sa gloire à nous secourir et à nous soulager... Le nom de la sœur Rosalie restera lié à la reconnaissance publique, tant qu'il plaira à Dieu de laisser sur la terre le tribut de la souffrance et le culte de la charité (2). »

---

(1) Aujourd'hui V⁰.

(2) Discours de M. Leroy de Saint-Arnaud, maire, le 9 février 1856.

On lit dans le *Figaro* du 11 décembre 1880 :

« L'établissement reconstitué compte, à l'heure présente, 419 élèves, plus 150 fillettes dans la *classe enfantine :* 50 enfants de plus qu'au moment où l'administration préfectorale décréta héroïquement la mort de l'œuvre scolaire de la vénérée fondatrice. Vous voyez bien que cette sage administration ne s'inspire que des vœux certains et des besoins avérés des populations !

Le nombre des élèves continue à s'accroître chaque jour. Bientôt, les dix classes seront trop étroites. Les fillettes font la propagande de famille à famille. En dépit de la réserve réfléchie et voulue où se renferment les Sœurs, c'est à qui entraînera des camarades. « On est si bien, disent les enfants, *au château !* (c'est sous ce nom qu'on désigne, dans le quartier, la [vaste tannerie transformée en école) ; la cour est si spacieuse, les classes sont si aérées et si inondées de lumière ! » Et puis, on aime tant les Sœurs de la rue de l'Epée-de-Bois !

L'école a beau s'être un peu éloignée (à cinq minutes) de la *Maison de la Sainte,* on ne la quitte à aucun prix ; c'est, pour la plupart des familles, un point d'honneur et une sorte de patriotisme. Certaines d'entre elles ont émigré dans des quartiers quelque peu lointains ; les enfants n'en reviennent pas moins. Croiriez-vous qu'une gentille fillette de dix ans fait, tous les matins et tous les soirs, qu'il pleuve ou qu'il vente, la course peu attrayante de la rue du Temple à la rue Geoffroy-Saint-Hilaire ? Et avec quel entrain, on peut le voir !

Et puis, faut-il le dire ? dans l'école *Sœur Rosalie,* tout en affrontant allègrement (car on y a la prétention de briller aux examens) les mystères de la grammaire, du calcul et de l'histoire (1), on n'a pas rompu,— on le croira sans peine, — avec les saints du calendrier et les fêtes aimables de l'Eglise. — Eh ! mon Dieu, oui ; le 25 novembre dernier, on a, dans le quartier Mouffetard, célébré joyeusement la Sainte-Catherine.

Ce jour-là, on a vu défiler, pour la messe solennelle — que M. Harant nous pardonne ! — de la rue Geoffroy-Saint-Hilaire à l'église Saint-Médard, une gracieuse et interminable procession de fillettes, ondulant à travers les rues du faubourg ; les Sœurs au milieu des rangs, les parents aux fenêtres ou sous les portes, les maraîchers arrêtant respectueusement leurs voitures, tout le monde en joie. Dans l'église la population féminine en habits de fête. Vous voyez bien, encore une fois, qu'en expulsant les Sœurs, on n'avait en vue que les désirs impérieux des parents !

Les jeunes filles de l'école sont, de la part des sœurs, l'objet de la sollicitude la plus attentive. Tous les jours, à midi, celles des enfants que la distance empêche de regagner le logis entre les deux classes, reçoivent une bonne portion de bouillon bien chaud, ou trouvent à faire cuire le morceau de viande qu'elles ont apporté. Soigner les corps en même temps que les âmes, il n'y a que les congréganistes pour employer de ces moyens fallacieux de capter la confiance des familles ! »

---

(1) Des dons généreux sont déjà venus en aide à ces bonnes intentions. M. le comte Chaptal a offert à la bibliothèque scolaire deux cents volumes de la *Bibliothèque Saint-Michel*, dont il est le président.

Paris. — Imprimerie F. Levé, rue Cassette, 17.